전쟁으로 보는 한국사

초판 1쇄 발행 2024년 10월 31일

글	살라흐 앗 딘
그　림	브소
펴 낸 이	김동하
편　집	이주형
마 케 팅	정세림, 김서현
펴 낸 곳	부커
출판신고	2015년 1월 14일 제2016-000120호
주　소	(10881) 경기도 파주시 산남로 5-86
문　의	(070) 7853-8600
팩　스	(02) 6020-8601
이 메 일	books-garden1@naver.com
인스타그램	instagram.com/thebooks.garden/

ISBN 979-11-6416-231-4 (07910)

이 책은 저작권법에 따라 보호받는 저작물이므로 무단 전재와 무단 복제를 금합니다.
잘못된 책은 구입처에서 바꾸어 드립니다.
책값은 뒤표지에 있습니다.

전쟁으로 보는 한국사

글 살라흐 앗 딘
그림 브소

BOOKER

차례

1장 **강을 건너? 큭큭, 군침이 싹 도노** … 8
여수전쟁 편 — 598년

2장 **백제를 다시 위대하게!** … 24
백제멸망전 편 — 660년

3장 **고구려는 무너졌냐, 이 새끼야?** … 37
고구려멸망전 편 — 668년

4장 **누구인가? 누가 기침 소리를 내었는가 말이야!** … 53
후삼국전쟁 1편 — 918년

5장 **도와줘, 고려에몽!!** … 65
후삼국전쟁 2편 — 927년

6장 **그날, 왕건은 떠올렸다. 견훤에게 느꼈던 공포를…
쫓겨만 살았던 굴욕을…** … 76
후삼국전쟁 3편 — 936년

7장 **우리는 거란과 동맹을 거부하겠다, 요요--!!** … 87
여요전쟁 1편 — 993년

8장 **고려야 자니? 왜 대답이 없니? 자는구나. 잘 자** … 102
여요전쟁 2편 — 1018년

9장 **문신 깔끔하게 지우는 법 공개합니다** … 121
무신정변 편 — 1170년

10장 **백성들은 죽었어도 우리는 살았잖아. 한잔해~** … 133
여몽전쟁 편 — 1231년

11장 **고려가 답이 없다면… 내가 하늘에 서겠다** … 146
위화도 회군 편 — 1388년

12장 **역시 이일 장군이야. 벌써 이기고 왔구나!** … 161
임진왜란 1편 — 1592년

13장 **들어올 거면 맞다이로 들어와, 왜저씨들아** … 173
임진왜란 2편 — 1592년

14장 **명나라로 ★전속전진★이다!!** … 187
임진왜란 3편 — 1592년

15장 이순신 주막에 갔습니다. 이순신 주막이 생긴 건 아니구요.
주막 가서 이순신 생각을 했습니다. 그냥 이순신 상태입니다 … 201
임진왜란 4편 — 1593년

16장 이순신과 나의 승부는 정치질로 살아남은 나의 승리네 … 215
임진왜란 5편 — 1597년

17장 ???: 내가 승리한 것이지 조선이 승리한 것이 아니다 … 231
임진왜란 6편 — 1597년

18장 시@봉방 아무도 우리 퇴근을 막을 수 없으셈ㅋㅋ … 244
임진왜란 7편 — 1598년

19장 이렇게 된 이상 청와대, 아니, 오사카성으로 튄다! … 256
임진왜란 8편 — 1598년

20장 나… 너무 강해져 버린 걸지도? … 273
병자호란 편 — 1636년

21장   **아, 안심하세요. 선교사 아니고 강도입니다** … 286
       병인양요, 신미양요 편 — 1866년, 1871년

22장   **13개월 만에 월급을 1개월치나 받다니 완전 럭키비키잖아?** … 299
       임오군란 편 — 1882년

23장   **야, 일본 돌아갈 때까지 빨리 친한 척해** … 311
       동학 농민 운동 편 — 1894년

24장   **쫄? 쫄? 쫄? 소련아, 진짜 너만 오면 고** … 326
       한국 전쟁 1편 — 1950년

25장   **인천? Young한데? 완전 MZ인데요?** … 339
       한국 전쟁 2편 — 1950년

26장   **미안하다. 협상 체결하려고 어그로 끌었다** … 354
       한국 전쟁 3편 — 1953년

1장
강을 건너? 크크, 군침이 싹 도노

— 여수전쟁 편 —
598년

커뮤니티에 달린 댓글들

김다**
곡식파티다ㅋㅋㅋㅋㅋㅋㅋㅋㅋㅋ

요*
X발 상식적으로 그때 100만을 어케 동원하냐 보급은 어떻게 하고 = 못함
아니 X발 그시대에 군사 100만 동원하면 나라 망하는데? = 망함

IWS****
양견이 진짜 후계자 감을 제대로 못 알아본 게 천추의 한이긴 해

* 훗날 영양왕을 이어 영류왕이 된다.

2장

백제를 다시 위대하게!

— 백제멸망전 편 —
660년

커뮤니티에 달린 댓글들

재**
아무리 의자왕이 ㅈ같은 새끼여도 거기서 통수를 치네 마한 귀족새끼들이

데레**
탄현 지형이 어떻길래

> **ㅇ*님의 대댓글**
> 얼추 충청도 대둔산 위치쯤 되는데
> 대충 계곡 사이에 진 설치하고 수비한다고 생각하면 됨.

3장

고구려는 무너졌냐, 이 새끼야?

— 고구려멸망전 편 —
668년

커뮤니티에 달린 댓글들

52번*
신라가 대동강 이남에서 멈춰서 좀 아쉽긴 합니다. 요동은 정말 무리고, 압록~두만까지 끌어올리는 것도 힘들겠지만, 청천강 이남까지 올라갔으면 좀 어땠을까 싶기도 하고요.

ㅇ*
보면 볼수록 연개소문이 왜 백제한테 증원군 안 보냈는지 모르겠음. 아무리 압박이라고 한들 백제 터지면 양면 전선은 확정인데 그냥 가만히 있던겨.

우리동네**
참 다시 봐도 연씨 삼형제가 문제야 XX새끼들.

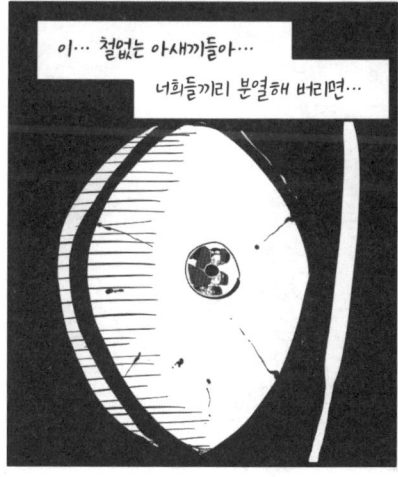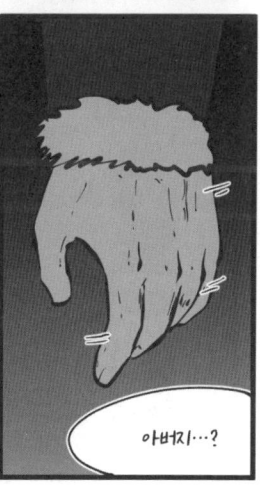

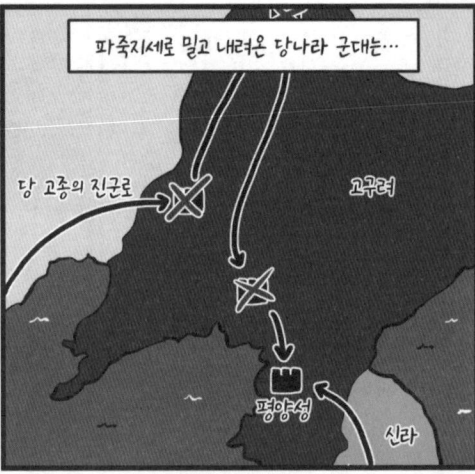

4장
누구인가?
누가 기침 소리를 내었는가 말이야!

— 후삼국전쟁 1편 —
918년

커뮤니티에 달린 댓글들

캐**
궁예가 폭군이긴 했겠지만 미륵불 타령은 왕건의 조작일까 아니면 궁예가 말년에 진짜 미친 걸까 ㄷㄷ

Lin***
궁예와 견훤은 한국사에 길이 남을 불세출의 영웅들이죠. 좀 더 재조명 되면 좋겠습니다

파월의****
어떻게 역사 만화를 이렇게 재밌게 그릴 수 있는지 ㅋㅋ

5장

도와줘, 고려에몽!!

- 후삼국전쟁 2편 -
927년

커뮤니티에 달린 댓글들

폭포*
사극의 장수들이 죽기 직전이나 죽음을 각오했을 때
폐하(주군)~ 부디 대업을 이루시옵소서 라고 하고 죽는데
이거 사료에 있는 내용일까? 실제로 저 당시에도 저런 식으로 말했을지 궁금함

만딩**
저 공산은 훗날 대구 팔공산이 됩니다

  ㄴ **음색깡****
  1.여덟 공신이 죽어 팔공산이 되었다.
  2.공산 주변 여덟 마을이 있어 팔공산이 되었다.
  두가지 설이 있는데 저는 첫번째 설을 더 좋아합니다.

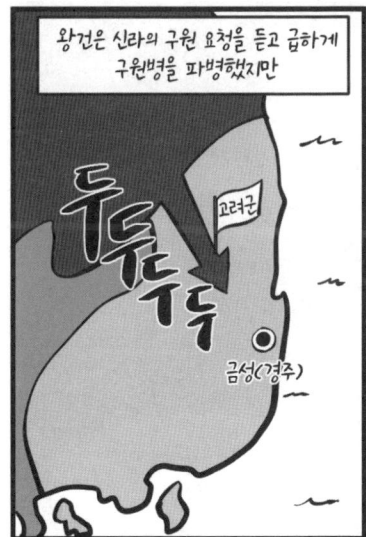

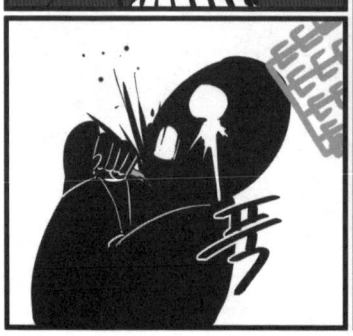
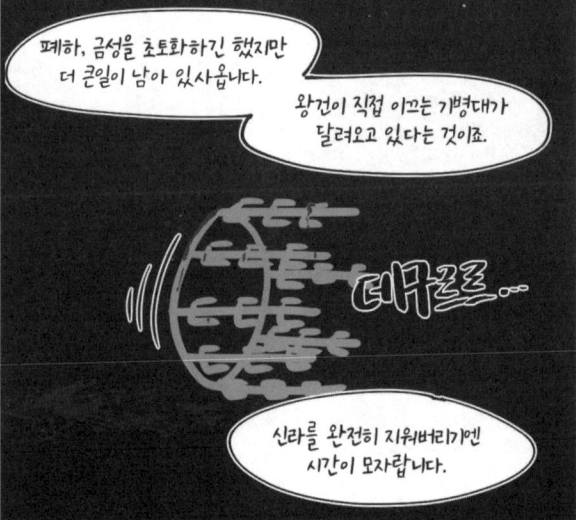

6장
그날, 왕건은 떠올렸다. 견훤에게 느꼈던 공포를... 쫓겨만 살았던 굴욕을...

— 후삼국전쟁 3편 —
936년

커뮤니티에 달린 댓글들

도**
역시.. 왕은 온화하고 자비로운 사람이 결국 승자인건가...

0**
어째 저기는 3대째 부자간 통수만 치냐

o*
자기가 세운 나라를 자기가 멸망시킨 사례가 또 있나?

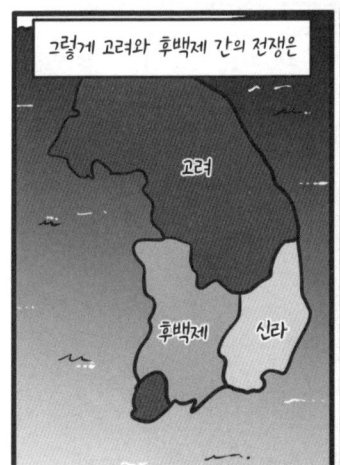

7장

우리는 거란과 동맹을 거부하겠다, 요오--!!

- 여요전쟁 1편 -

993년

커뮤니티에 달린 댓글들

슈퍼***
왜 예나 지금이나 대책 없는 놈들은 많냐...

ff**
서희는 한반도 역사상 최고의 외교관이 아닐까 함.

holl****
진짜 저 시대에 살았으면 백성으로 살아남기 난이도 헬이었을 거 같음. 툭 하면 쳐들어오고, 먹고 살기는 힘들고...

8장
고려야 자니? 왜 대답이 없니?
자는구나. 잘 자

— 여요전쟁 2편 —
1018년

커뮤니티에 달린 댓글들

ghost***
찌르다 보면 한 번은 찔린다고 계속해서 막히던 닥돌 전략은 후에 조선에 먹히게 되는데...

spi**
양규 장군도 강감찬 장군만큼이나 대단한 사람인데 조금 더 알려졌으면 좋겠음.

내가만든**
길 잃어서 영웅 됐잖아. 한잔해.

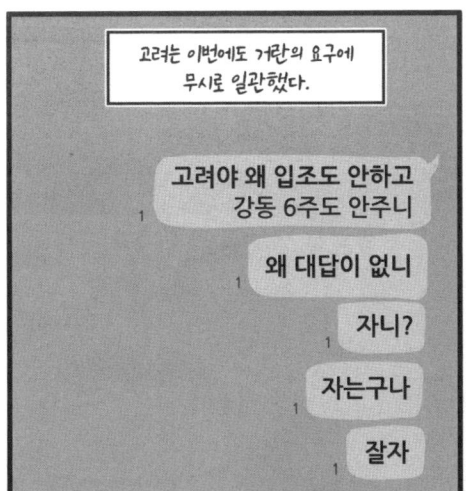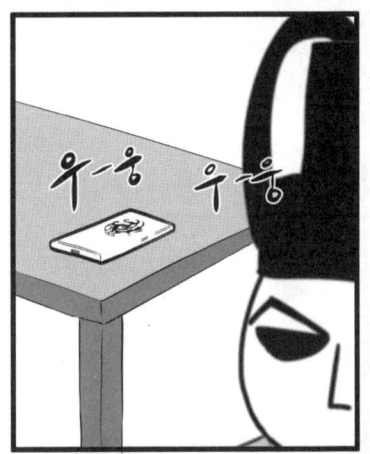

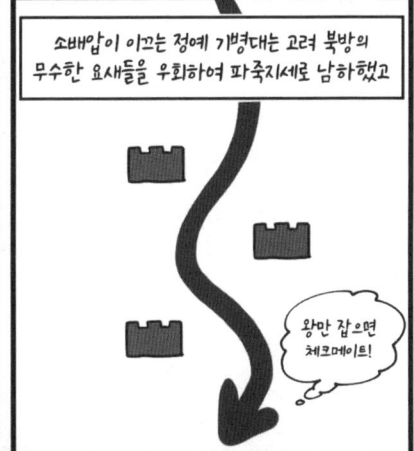

* 해물비빔소스

* 적의 현지 보급을 차단하기 위해 논밭, 민가, 우물 등을 전부 초토화하는 전술

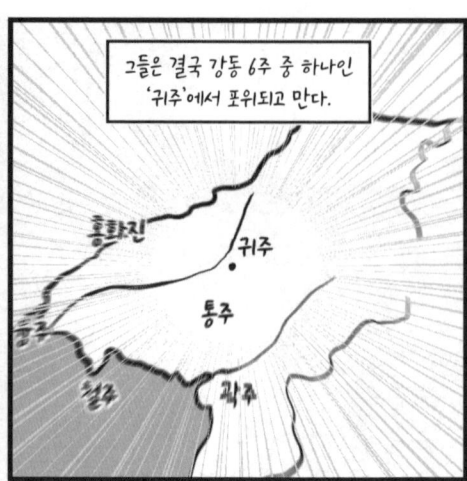

* 고려군의 습격과 굶주림으로 병력이 10만에서 8만으로 줄었다.

9장

문신 깔끔하게 지우는 법 공개합니다

— 무신정변 편 —

1170년

커뮤니티에 달린 댓글들

이상**
???: 폐하 왕광취를 기다리고 계셨사옵니까. 왕광취, 여기 대령하였소이다. 황제는 폐위되셨소이다.

상**
김부식이 염파처럼 행동했으면 무신들도 뭐라고는 못할 텐데 김부식도 웃긴 새끼긴 하네

정**
애초에 삼국사기 써서 알려진 거지 서경천도 운동 때 개경에서 학살한 거만 봐도 얼마나 인성 파탄인지 알 수 있음ㅋㅋ

* 수박 : 고려의 전통 무예

10장

백성들은 죽었어도 우리는 살았잖아. 한잔해~

— 여몽전쟁 편 —

1231년

커뮤니티에 달린 댓글들

카갤**
몽골이 일부러 강화도로 천도한 지배층을 안 공격했다는 주장도 있긴 함 몽골이 고려 들락날락할 때가 딱 몽골이 보급으로 헐떡이던 시기였음

arcan*****
선조들은 저렇게 저점매수를 잘했는데 우리는 왜...

신의**
이번 이야기, 설명이 잘 정리가 되었어. 즐겁게 읽었습니다. 감사합니다!

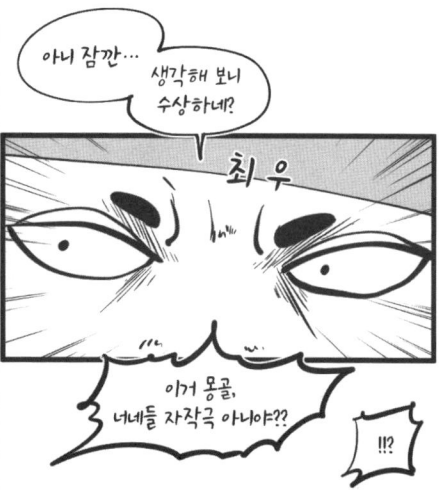

11장
고려가 답이 없다면…
내가 하늘에 서겠다

— 위화도 회군 편 —

1388년

커뮤니티에 달린 댓글들

카갤**
…뭔가 익숙한 이성계의 모습이 보이는데?

독갤**
너무 재밌게 봤습니다. 술술 읽히는 데다 인물들 캐릭터성도 잘 보여주셔서 더 재밌네요.

마운틴***
최영과 이성계의 모습이 〈주간 신(神)〉 때의 캐릭터 디자인으로 유지되니 너무 반갑고 한편으론 원역사대로 흘러가 비극이 돼버리는 둘의 이야기가 가슴 아프네요 ㅠㅠ

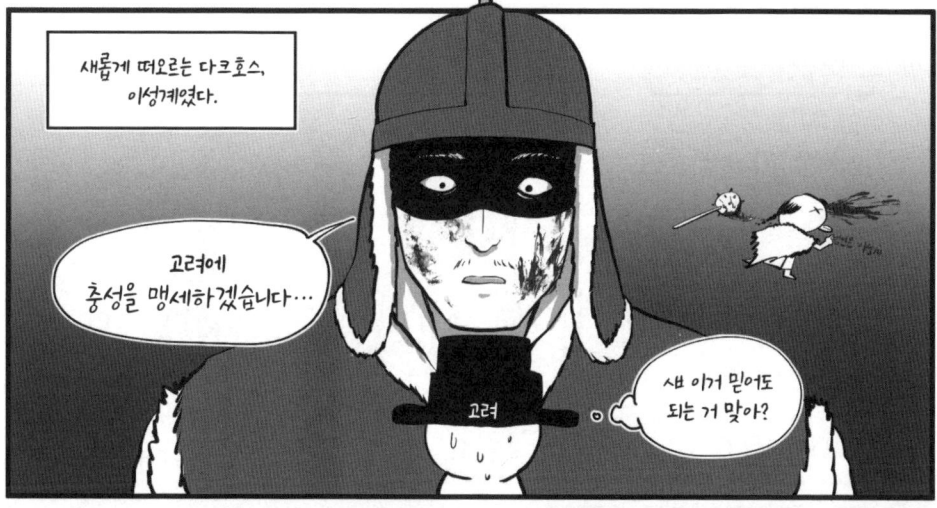

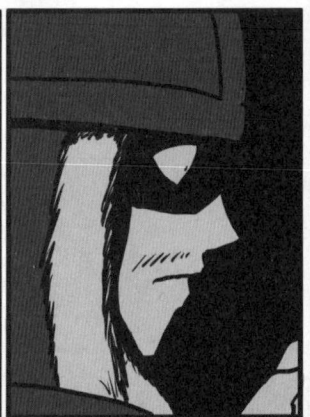

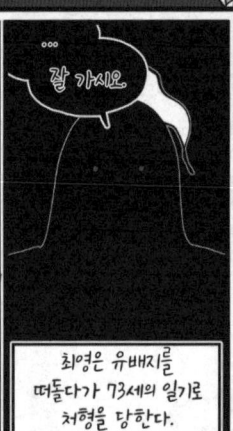

12장

역시 이일 장군이야. 벌써 이기고 왔구나!

— 임진왜란 1편 —

1592년

커뮤니티에 달린 댓글들

Gla***
진짜 그 임금의 용인술은 여전히 대단하네

썬*
삼도수군통제사(진짜임)

52번***
지금 생각해 보면 이순신 장군 승진은 소령이 한 번에 소장까지 올라갔으니 이게 아무리 왕정국가라도 관료제 사회에선 말도 안 되긴 했어 ㅋㅋㅋㅋ

* 관백 : 일본 천황의 전권대리인. 사실상 최고의 자리이다.

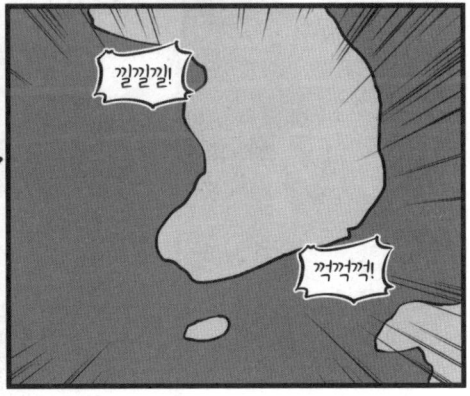

13장
들어올 거면 맞다이로 들어와, 왜저씨들아

- 임진왜란 2편 -
1592년

커뮤니티에 달린 댓글들

히비*
그저 고려천자 빛빛빛..

ㅇ*
만력제가 잘한 거 = 임진왜란, 정유재란 당시 명나라가 개입하게 만든 것
만력제가 못한 거 = 그 외 전부

카갤**
근데 히데요시는 진짜로 조선 날먹하고 명나라 정벌이 될 거라고 생각해서 지른 거였음?

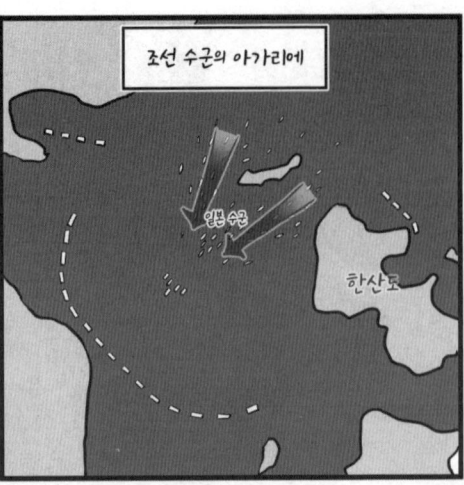

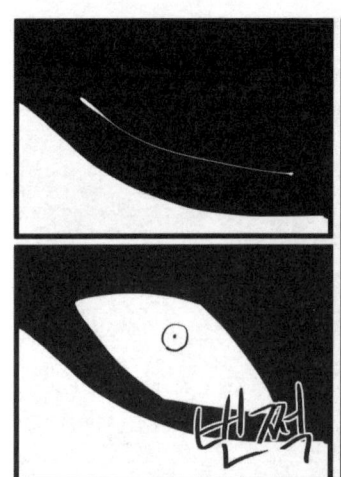

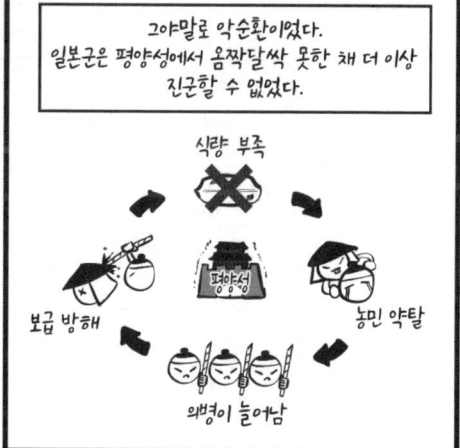

14장

명나라로 ★전속전진★이다!!

― 임진왜란 3편 ―
1592년

커뮤니티에 달린 댓글들

ㅇ*
선조.....현대에 태어났다면 육상선수가 됐을....

란*
이거..재밌다 재밌다 해줬더니...
개재밌네 더 가져와!!

오맨**
아니 예나 지금이나 약소국들은 무시하고 지들끼리만 합의 보냐? ㅋㅋ

* 만력중흥

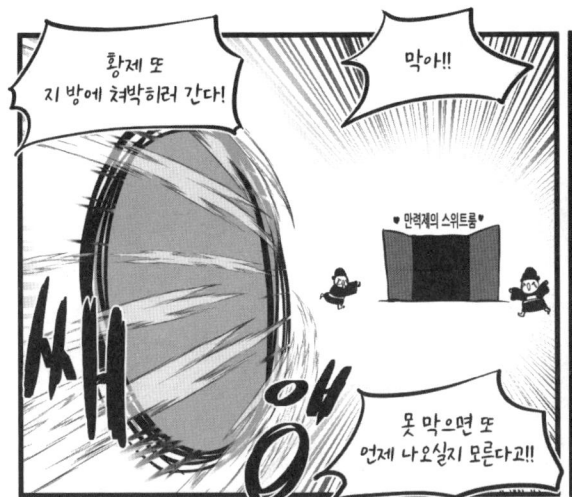

* 만력제는 이후에도 약 20년, 합쳐서 총 30년 동안 병을 핑계로 정사를 돌보지 않는다.

* 1차 평양성 전투는 왜군이 조선에게서 평양을 빼앗은 전투.

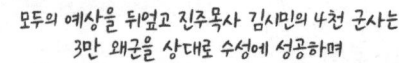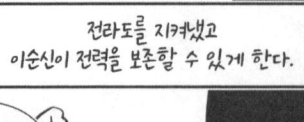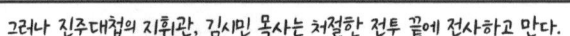

15장
이순신 주막에 갔습니다. 이순신 주막이 생긴 건 아니구요. 주막 가서 이순신 생각을 했습니다. 그냥 이순신 상태입니다

- 임진왜란 4편 -
1593년

커뮤니티에 달린 댓글들

탈다림**
충무공한테 하도 쳐맞아서 조운선 보고 PTSD 왔구만

드랍**
ㅋㅋㅋㅋ 요즘은 전투도 원격으로 하나

이령은**
이순신 상태가 되

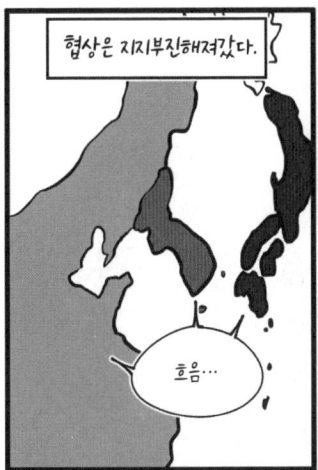

* 조운선: 세금으로 내던 곡식을 운반하는 배(전투 능력 없음).

16장
이순신과 나의 승부는 정치질로 살아남은 나의 승리네

― 임진왜란 5편 ―
1597년

커뮤니티에 달린 댓글들

지나가던**
선조 의심병 밈이 있을 정도로 이순신 파직이 선조의 독단인 양 묘사되기 십상이지만 사실 그때 조정 자체가 이순신에 대해서 부정적이였음. 천거해 줬던 류성룡마저 이순신을 벌해야 하고 원균을 내세워야 한다고 할 정도로

ㅇㅇ**
와 원균 이 새끼는 개전 초기 때도 함대 수습할 생각은 안하고 함대 싹 다 자침시키더니 칠천량에서도 또 그 지랄이었네

나무**
권율이 곤장 친 건 진짜 레전드 ㅋㅋ

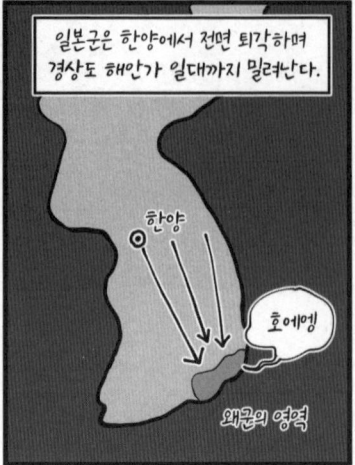

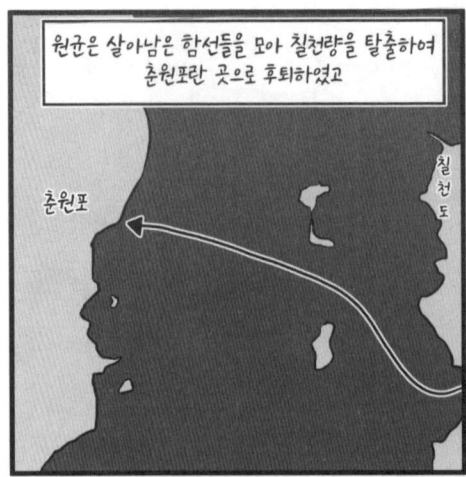

이렇게 조선 수군은
단 한 번의 해전으로 완전히 궤멸했다.

판옥선 160척 중 142척 소실
전라우수사 이억기, 충청수사 최호 전사
거북선 3척 침몰
조선 정예수군 약 8,000명 전사
나머지는 패잔병이 되어 흩어짐

조선 수군의 제해권 소멸.

살아남은 것은 배설이 이끌고 도주한
판옥선 12척과 각자도생한 몇 척에 불과했다.

전하!!
(비틀)
전하!!

이를, 이를 대, 대체 어떡하지?

뭘 어떡까!

이순신을 속히 통제사로 복귀 시키소서!!

17장
???: 내가 승리한 것이지 조선이 승리한 것이 아니다

뭘 봐 X새꺄

- 임진왜란 6편 -
1597년

커뮤니티에 달린 댓글들

이**
??? : ㅋㅋㅋ 가라앉은 배라도 되살려 오나 했더니, 이순신도 인간이여 인간 ㅋㅋㅋ
??? : 아니던데요…?

ㅇ*
실로 세계사에 명량과 견줄 만한 전투가 있는가?
소수 대 다수, 거기에다 그 소수가 전멸한 것도 아니고 피해 없이 대승한 경우가 있나?

딸기***
와키자카가 미역 먹고 싶다고 하면 그건 진짜 큰일난 거다

이순신은 함대에 전진 명령을 내린다.

하지만 대장선을 제외한 나머지 함선은 움직이지 않았다.

이순신의 대장선은 홀로 명량해협을 가로막았다.

이, 이건 미친 짓이야! 심지어 해류도 역방향이고!

왜놈들과 동시에 해류와도 싸워야 하는 극한 조건이라구!

통제사께서 쓰러지시면 우린 배를 돌려 후퇴한다.

통제사님, 적들이 몰려옵니다.

해류를 타고 빠르게 함선으로 접근합니다!

다른 함선들은 합류하지 않고 있습니다!

18장
시@봉방 아무도 우리 퇴근을 막을 수 없으셈ㅋㅋ

- 임진왜란 7편 -
1598년

커뮤니티에 달린 댓글들

퍼레이드***
히데요시도 우리 입장에서는 원수이지만 밑바닥에서 올라온 입지전적인 사람인데 꿈이 너무 컸음

F1*
사실 이순신의 행보를 보면 많은 생각이 들어요. 어떻게 끝까지 저런 선택을 했는지…

맛의*
진린이 실제로 어떤 마음이었는지는 아무도 모름. 실제로 진린이 뇌물 받고 이순신을 회유했다는 기록도 남아 있긴 하니까

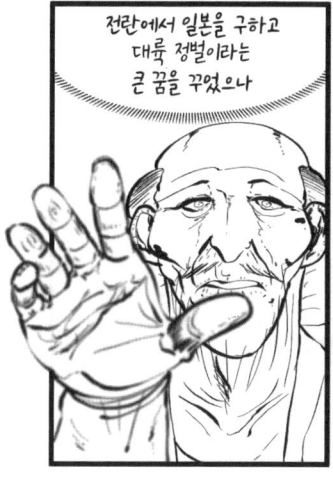

19장
이렇게 된 이상 청와대, 아니, 오사카성으로 튄다!

― 임진왜란 8편 ―

1598년

커뮤니티에 달린 댓글들

땡스투**
가장 신화에 가까운 전투는 명량이었지만 가장 치열했던 전투는 노량이었음. 살고자 하는 왜군과 다시는 왜군의 침략 없이 잘 살고자 하는 조선의 싸움이었음.

Poe**
사실 영화로만 보고 후일담 같은 건 잘 찾아보지 않는데 임진왜란에 이런 뒷이야기가 있었군요! 역사만화추!

hh**
원균쉑은 ㅋㅋㅋ어이가없네

350척에 달했던 시마즈의 대함대 중, 살아남은 것은 불과 수십 척에 불과했으며

병사의 절반 이상이 바다에 그대로 수장되었다.

반면, 대장선이 직접 적들을 정면에서 막은 조선군은 함대 손실이 거의 없었다.

으하하핫 노야!!

이순신의 대장선

진린의 대장선

전부 노야의 계책대로였구려! 대승이오 대승!

싱글벙글~

우리 측 피해는 불과 몇 척인데 적함을 이백을 넘게 수장시켜버렸소이다!

적들이 우리 쪽으로 돌파해올 땐 다 끝인 줄 알았소이다!

그런데 노야께서 구해주셔서...

20장

나… 너무 강해져 버린 걸지도?

— 병자호란 편 —
1636년

커뮤니티에 달린 댓글들

지식*
영화로 봤는데 이 시기는 진짜… 마음이 찡하더라.

재미있는***
광해군의 '군'이 괜히 붙는 게 아님ㅋㅋㅋㅋㅋ

hoe**
드디어 먹힌 닭돌!!

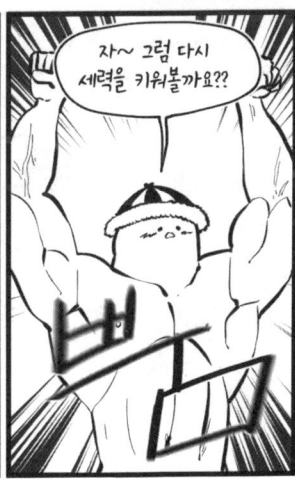

* 중원에서 만주로 가는 마지막 길목.

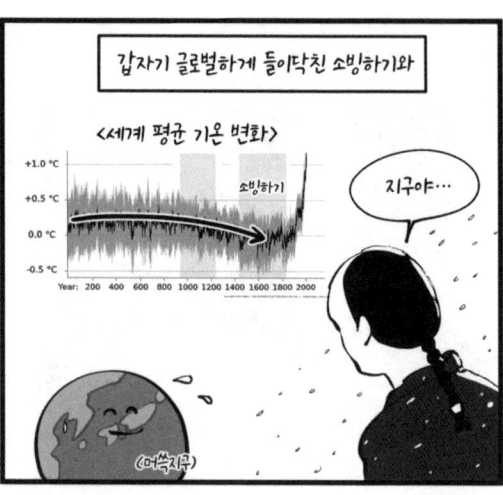

* 삼궤구고두례: 3번 무릎을 꿇고 9번 머리를 조아리는 예법.

21장

아, 안심하세요. 선교사 아니고 강도입니다

― 병인양요, 신미양요 편 ―
1866년, 1871년

커뮤니티에 달린 댓글들

파비오*
이 새끼들은 사절단이나 그런 게 아님 걍 날강도임 ㅋㅋㅋㅋㅋ

컵홀*
이때 차라리 개국을 했더라면 이후에 겪을 일들은 없지 않았을까… 싶기도 하고

우리*
그냥 이때 나라꼴을 보면 조선이 안 망할 수가 없었지

* 편의성과 직관성을 위해 현대 국기를 사용함.

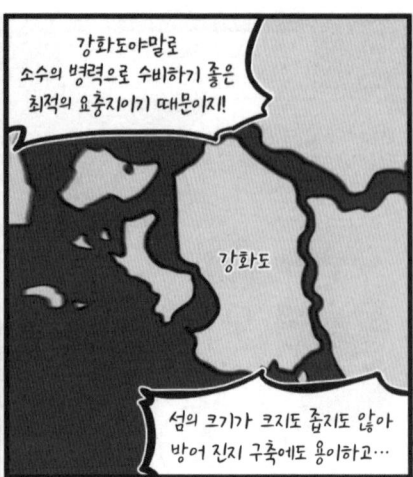

22장
13개월 만에 월급을 1개월치나 받다니 완전 럭키비키잖아?

- 임오군란 편 -
1882년

커뮤니티에 달린 댓글들

월중은**
고려 때도 무신정변이 있었는데 왜 바뀐 게 하나도 없냐?

럭키비*
대원군과 고종이 대립하면서 왕권도, 조선의 주권도 사르륵 녹아버렸지

마후라**
나는 개인적으로 이때 이야기가 존나 얼탱이가 없음. 진짜 제대로 돌아가는 게 하나도 없는데 어떻게 이 시대에 살아남을 수 있었겠냐고

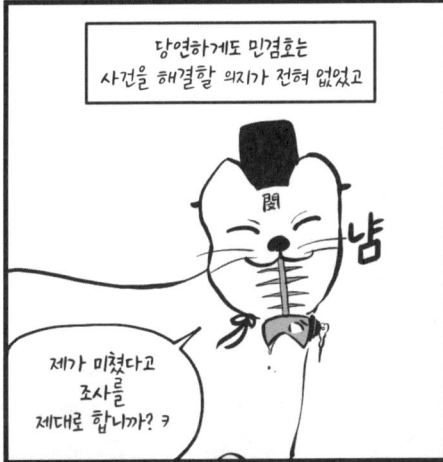

23장

야, 일본 돌아갈 때까지 빨리 친한 척해

— 동학 농민 운동 편 —
1894년

커뮤니티에 달린 댓글들

콜라맛*
탐관오리 왤케 귀여움 ㅋㅋㅋㅋ

라스푸*
고종이 시대를 잘못 타고났을 수도 있고, 시대를 잘 타고났더라도 무능력한 암군이었을 수도 있음. 확실한 건 일단 능력은 없었다는 거임

WOR**
와 저 노래 어디서 들어봤다 했더니 여기에서 나온 노래였음?

*접주: 동학교도들이 각 지방에 설치한 접소를 관리하는 직책

*안핵사: 사건 해결을 위해 조정에서 파견하는 고위 임시직 관료.

* 장태: 거대한 닭장 안에 솜, 짚단을 채우고 낫과 도검을 꽂은 이동식 장애물.

※ 전봉준의 죽음을 기리는 노래라는 설이 있는 전래 민요.

24장
쫄? 쫄? 쫄?
소련아, 진짜 너만 오면 고

- 한국 전쟁 1편 -
1950년

커뮤니티에 달린 댓글들

헛소리***
실제로는 김일성은 스탈린 눈치만 보면서 실실 기는 형국이었음. 스탈린 죽고 나서야 스탈린이 자기 친구였다고 지랄하고 다님 ㅋㅋㅋ

키치더***
통일된 한국의 지배자라... 그 말을 하던 사람은 모두 죽었소.

제트***
생각 나는 사람 많네. 도요토미 히데요시부터 렌야까지 ㅋㅋㅋ

*무다구치 렌야 : 일제의 장성. 동남아의 밀림을 소와 말로 보급하다가 일본군 수만 명을 굶겨죽인다. 대한민국에선 명예 독립운동가 취급을 받는다.

계속…

25장
인천? Young한데? 완전 MZ인데요?

― 한국 전쟁 2편 ―

1950년

커뮤니티에 달린 댓글들

고순조*
실제로도 인천 상륙 작전은 어느 정도 예상된 바였음. 김일성이 지휘 경력 없는 대위 출신이어서 간과했을 뿐.

대한민**
미군이 상륙했는데 너네가 뭘 할 수 있는데 ㅋㅋㅋ

eot**
이때 끝났더라면

* 제2차 세계대전에서 연합군의 대규모 퇴각 작전

26장
미안하다.
협상 체결하려고 어그로 끌었다

- 한국 전쟁 3편 -
1953년

커뮤니티에 달린 댓글들

황제**
맥아더 핵 사용에 대해서는 다양한 견해가 있음. 2020년에 문서 공개되고 나서는 오히려 맥아더가 핵 사용에 회의적이었고 미국 국방부가 적극적이었다는 주장이 힘을 얻음. 다만, 맥아더가 쇼맨십에 능했다는 점, 상층부와 갈등을 빚고 있었다는 점, 실제로 논의 자체는 여러 번 왔다갔다 했다는 점 때문에 정확한 진실은 정말로 아무도 모름.

에어***
마지막이 인상적이네요.

hol****
미국과의 조약 체결은 진짜 신의 한 수였음.

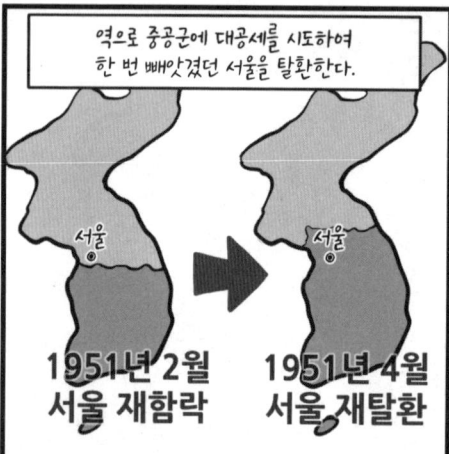

* 반공포로: 대한민국에 남길 원했던 약 35,000명 가량의 북한 포로들.

사진 및 그림 출처

여수전쟁 편	22쪽 https://commons.wikimedia.org/wiki/File:Documentary_painting_of_the_Battle_of_Salsu.jpg (2024년 10월 7일)
후삼국전쟁 3편	86쪽 작가·Kallgan https://commons.wikimedia.org/wiki/File:Tomb_of_Wang_Geon_-_Kaesong07.jpg (2024년 10월 9일)
여요전쟁 2편	119쪽 https://commons.wikimedia.org/wiki/File:Documentary_painting_of_the_Battle_of_Kwiju.jpg (2024년 10월 7일)
무신정변 편	122쪽 https://commons.wikimedia.org/wiki/File:Documentary_painting_of_the_Battle_of_Kwiju.jpg (2024년 10월 7일)
위화도 회군 편	147쪽 https://commons.wikimedia.org/wiki/File:Armed_soldiers_carry_a_banner_reading_%27Communism%27,_Nikolskaya_street,_Moscow,_October_1917.jpg (2024년 10월 14일) 152쪽 대만 국립 고궁 박물관 소장 자료 https://commons.wikimedia.org/wiki/File:A_Seated_Portrait_of_Ming_Emperor_Taizu.jpg (2024년 10월 9일)
임진왜란 8편	271쪽 세키가하라초 역사문화인류학자료관 소장 자료 https://commons.wikimedia.org/wiki/File:Sekigaharascreen.jpg (2024년 10월 9일)

병자호란 편	280쪽	
	https://commons.wikimedia.org/wiki/File:2000%2B_year_global_temperature_including_Medieval_Warm_Period_and_Little_Ice_Age_-_Ed_Hawkins.svg	
	(2024년 10월 9일)	

동학농민 운동 편	324쪽	
	작가·무라카미 텐신	
	https://commons.wikimedia.org/wiki/File:Jeon_Bong-jun.JPG	
	(2024년 10월 9일)	

한국전쟁 1편	336쪽	
	https://commons.wikimedia.org/wiki/File:%EC%A0%84%EC%9F%81%EB%B3%B4%EA%B8%89%EB%AC%BC%EC%9E%90%EB%B6%80%EC%82%B0%ED%95%AD%EC%96%91%EB%A5%99.jpg	
	(2024년 10월 7일)	

한국전쟁 2편	347쪽	
	https://commons.wikimedia.org/wiki/File:Battle_of_Inchon.png	
	(2024년 10월 7일)	

한국전쟁 3편	369쪽	
	https://commons.wikimedia.org/wiki/File:Korean_War_armistice_agreement_1953.jpg	
	(2024년 10월 7일)